WILLKOMMEN

Dieses Buch wurde mit dem Anfänger im Blick entwickelt und bietet eine solide Grundlage in wesentlichem Wortschatz und wichtigen Redewendungen, um Ihnen zu helfen, alltägliche Situationen in einer neuen Sprache selbstbewusst zu meistern.

Sprache ist mehr als nur ein Kommunikationsmittel; sie ist ein Tor zum Verständnis anderer Kulturen, zur Verbindung mit Menschen und zur Erweiterung Ihres Horizonts. Egal, ob Sie sich auf eine Reise vorbereiten, Ihre beruflichen Fähigkeiten erweitern oder einfach ein persönliches Interesse verfolgen, das Erlernen einer neuen Sprache kann eine unglaublich lohnende Erfahrung sein.

Bei der Erstellung dieses Buches haben wir uns auf drei Kernprinzipien konzentriert: Einfachheit, Praktikabilität und Zugänglichkeit. Die 50 thematischen Kapitel sind so gestaltet, dass sie eine breite Palette gängiger Szenarien abdecken, von Begrüßungen und Vorstellungen bis hin zu Einkaufen und Essen, und stellen sicher, dass Sie die benötigten Wörter und Redewendungen stets griffbereit haben.

Eine der einzigartigen Eigenschaften dieses Buches ist die Integration von Online-Audio-Ausspracheunterstützung.

Wir wissen, dass korrekte Aussprache der Schlüssel zu effektiver Kommunikation ist, weshalb wir hochwertige Audioaufnahmen für jedes Wort und jede Phrase beigefügt haben. Das Hören von Muttersprachlern wird Ihnen helfen, einen authentischen Akzent zu entwickeln und Ihr Selbstvertrauen beim Sprechen zu stärken.

Das Erlernen einer neuen Sprache kann anfangs entmutigend erscheinen, aber mit diesem Buch werden Sie feststellen, dass es eine überschaubare und erfreuliche Reise ist. Das klare, benutzerfreundliche Layout ermöglicht es Ihnen, in Ihrem eigenen Tempo zu lernen, was den Prozess sowohl effektiv als auch angenehm macht.

Vielen Dank, dass Sie dieses Buch als Ihren Sprachlern-Begleiter gewählt haben. Wir hoffen, dass es Sie dazu inspiriert, neue Möglichkeiten zu erkunden und sich auf eine Weise mit der Welt zu verbinden, die Sie nie für möglich gehalten hätten.

VERWENDEN SIE DIESEN QR-CODE, UM AUF DIE ONLINE-AUDIORESSOURCEN ZUZUGREIFEN:

INDEX

Grüße	1
Häufige Ausdrücke	4
Zahlen	7
Wochentage	10
Monate des Jahres	13
Farben	16
Familienmitglieder	19
Essen und Trinken	22
Kleidung	25
Haus und Heim	28
Schule	31
Berufe und Professionen	34
Transport	37
Reise	40
Wetter	43
Gesundheit und Körper	46
Emotionen	49
Natur	52
Tiere	55
Hobbys	58
Sport	61
Technologie	64
Einkaufen	67
Richtungen	70

Zeit	73
Feiern	76
Musik	79
Filme und Fernsehsendungen	82
Bücher und Literatur	85
Kunst	88
Wissenschaft	91
Mathematik	94
Geschichte	97
Geographie	100
Politik	103
Religion	106
Feste	109
Soziale Medien	112
Internet	115
Telefon und Kommunikation	118
Notfallsituationen	121
Restaurants	124
Hotels	127
Bankwesen	130
Immobilien	133
Rechtliche Begriffe	136
Medizinische Begriffe	139
Umwelt	142
Raum	145
Gefühle und Emotionen	148

GROETE

GRÜSSE

HALLO

Hallo, wie geht es Ihnen?

HALLO

Hallo, hoe gaan dit?

GUTEN MORGEN

Guten Morgen, hast du gut geschlafen?

GOEIE MORE

Goeie more, het jy lekker geslaap?

GRÜSSE

GUTEN TAG

Guten Tag, wie war dein Tag?

GOEIE MIDDAG

Goeie middag, hoe was jou dag?

GUTEN ABEND

Guten Abend, lass uns einen Film schauen.

GOEIE NAAND

Goeie naand, kom ons kyk 'n fliek.

AUF WIEDERSEHEN

Auf Wiedersehen, bis morgen.

TOTSIENS

Totsiens, sien jou môre.

BITTE

Bitte reich mir das Salz.

ASSEBLIEF

Asseblief gee die sout aan.

GROETE

DANKE	**DANKIE**
Danke für deine Hilfe.	Dankie vir jou hulp.
JA	**JA**
Ja, ich hätte gerne Kaffee.	Ja, ek wil graag koffie hê.
NEIN	**NEE**
Nein, ich möchte keinen.	Nee, ek wil niks hê nie.
ENTSCHULDIGUNG	**VERSKOON MY**
Entschuldigung, wo ist das Badezimmer?	Verskoon my, waar is die badkamer?

ALGEMENE FRASES

HÄUFIGE AUSDRÜCKE

WIE VIEL KOSTET ES?

Wie viel kostet dieses Buch?

HOEVEEL KOS DIT?

Hoeveel kos hierdie boek?

WO IST DIE TOILETTE?

Entschuldigen Sie, wo ist die Toilette?

WAAR IS DIE BADKAMER?

Verskoon my, waar is die badkamer?

HÄUFIGE AUSDRÜCKE

ICH VERSTEHE NICHT

Ich verstehe diese Lektion nicht.

EK VERSTAAN NIE

Ek verstaan nie hierdie les nie.

KÖNNEN SIE MIR HELFEN?

Können Sie mir bei meinen Hausaufgaben helfen?

KAN JY MY HELP?

Kan jy my help met my huiswerk?

ES TUT MIR LEID

Es tut mir leid, dass ich zu spät bin.

EK IS JAMMER

Ek is jammer dat ek laat is.

WIE SPÄT IST ES?

Wissen Sie, wie spät es ist?

HOE LAAT IS DIT?

Weet jy hoe laat dit is?

ALGEMENE FRASES

ICH BIN VERLOREN

Ich bin verloren, können Sie mir helfen?

EK IS VERDWAAL

Ek is verdwaal, kan jy my help?

ICH LIEBE DICH

Ich liebe dich sehr.

EK IS LIEF VIR JOU

Ek is baie lief vir jou.

ICH HABE HUNGER

Ich habe Hunger, lass uns etwas essen.

EK IS HONGER

Ek is honger, laat ons iets eet.

ICH HABE DURST

Ich habe Durst, kann ich etwas Wasser haben?

EK HET DORS

Ek het dors, kan ek water kry?

GETALLE

ZAHLEN

EINS	**EEN**
Einen Apfel, bitte.	Een appel, asseblief.
ZWEI	**TWEE**
Ich habe zwei Katzen.	Ek het twee katte.

ZAHLEN

DREI Es gibt drei Bücher auf dem Tisch.	**DRIE** Daar is drie boeke op die tafel.
VIER Wir brauchen vier Stühle.	**VIER** Ons het vier stoele nodig.
FÜNF Sie hat fünf Bleistifte.	**VYF** Sy het vyf potlode.
SECHS Die Uhr zeigt sechs Uhr.	**SES** Die klok wys sesuur.

GETALLE

SIEBEN

Es gibt sieben Tage in der Woche.

SEWE

Daar is sewe dae in 'n week.

ACHT

Der Kuchen ist in acht Stücke geschnitten.

AGT

Die koek is in agt stukke gesny.

NEUN

Es gibt neun Schüler in der Klasse.

NEGE

Daar is nege studente in die klas.

ZEHN

Ich kann bis zehn zählen.

TIEN

Ek kan tot tien tel.

DAE VAN DIE WEEK

WOCHENTAGE

MONTAG

Ich habe am Montag ein Treffen.

MAANDAG

Ek het Maandag 'n vergadering.

DIENSTAG

Sie geht am Dienstag ins Fitnessstudio.

DINSDAG

Sy gaan Dinsdag na die gimnasium.

WOCHENTAGE

MITTWOCH

Wir haben am Mittwoch Unterricht.

WOENSDAG

Ons het Woensdag 'n klas.

DONNERSTAG

Der Markt öffnet am Donnerstag.

DONDERDAG

Die mark maak Donderdag oop.

FREITAG

Freitag ist mein Lieblingstag.

VRYDAG

Vrydag is my gunsteling dag.

SAMSTAG

Sie besuchen ihre Großeltern am Samstag.

SATERDAG

Hulle besoek hul grootouers op Saterdag.

DAE VAN DIE WEEK

SONNTAG

Wir ruhen uns am Sonntag aus.

SONDAG

Ons rus op Sondag.

WOCHENENDE

Was sind deine Pläne für das Wochenende?

NAWEEK

Wat is jou planne vir die naweek?

WOCHENTAG

Ein Wochentag ist jeder Tag außer dem Wochenende.

WEEKSDAG

'n Weeksdag is enige dag behalwe die naweek.

FEIERTAG

Weihnachten ist ein Feiertag.

VAKANSIEDAG

Kersfees is 'n vakansiedag.

MAANDE VAN DIE JAAR

MONATE DES JAHRES

JANUAR Mein Geburtstag ist im Januar.	**JANUARIE** My verjaarsdag is in Januarie.
FEBRUAR Valentinstag ist im Februar.	**FEBRUARIE** Valentynsdag is in Februarie.

MONATE DES JAHRES

MÄRZ	**MAART**
Der Frühling beginnt im März.	Die lente begin in Maart.
APRIL	**APRIL**
Der April ist ein regnerischer Monat.	April is 'n reënerige maand.
MAI	**MEI**
Der Muttertag ist im Mai.	Moedersdag is in Mei.
JUNI	**JUNIE**
Die Schule endet im Juni.	Skool eindig in Junie.

MAANDE VAN DIE JAAR

JULI

Der Unabhängigkeitstag ist im Juli.

JULIE

Onafhanklikheidsdag is in Julie.

AUGUST

Wir fahren im August in den Urlaub.

AUGUSTUS

Ons gaan met vakansie in Augustus.

SEPTEMBER

Die Schule beginnt im September.

SEPTEMBER

Skool begin in September.

OKTOBER

Halloween ist im Oktober.

OKTOBER

Halloween is in Oktober.

KLEURE

FARBEN

ROT Der Apfel ist rot.	**ROOI** Die appel is rooi.
BLAU Der Himmel ist blau.	**BLOU** Die lug is blou.

FARBEN

GRÜN	**GROEN**
Das Gras ist grün.	Die gras is groen.
GELB	**GEEL**
Die Sonne ist gelb.	Die son is geel.
SCHWARZ	**SWART**
Die Nacht ist schwarz.	Die nag is swart.
WEISS	**WIT**
Der Schnee ist weiß.	Die sneeu is wit.

KLEURE

GRAU
Der Himmel ist heute grau.

GRYS
Die lug is vandag grys.

BRAUN
Der Boden ist braun.

BRUIN
Die grond is bruin.

ROSA
Die Blume ist rosa.

PIENK
Die blom is pienk.

LILA
Die Trauben sind lila.

PERS
Die druiwe is pers.

FAMILIELEDE

FAMILIENMITGLIEDER

MUTTER	**MOEDER**
Meine Mutter ist Lehrerin.	My moeder is 'n onderwyser.
VATER	**VADER**
Mein Vater arbeitet bei einer Bank.	My vader werk by 'n bank.

FAMILIENMITGLIEDER

BRUDER

Mein Bruder ist jünger als ich.

BROER

My broer is jonger as ek.

SCHWESTER

Meine Schwester ist älter als ich.

SUSTER

My suster is ouer as ek.

GROSSVATER

Mein Großvater ist im Ruhestand.

OUPA

My oupa is afgetree.

GROSSMUTTER

Meine Großmutter erzählt tolle Geschichten.

OUMA

My ouma vertel wonderlike stories.

FAMILIELEDE

ONKEL
Mein Onkel lebt in der Stadt.

OOM
My oom woon in die stad.

TANTE
Meine Tante ist Ärztin.

TANNIE
My tannie is 'n dokter.

COUSIN/COUSINE
Mein Cousin / Meine Cousine besucht uns.

NIG
My niggie kuier by ons.

NEFFE
Mein Neffe lernt lesen.

NEEF
My neef leer om te lees.

KOS EN DRINKGOED

ESSEN UND TRINKEN

BROT	**BROOD**
Ich esse gerne Brot.	Ek hou daarvan om brood te eet.
WASSER	**WATER**
Ich trinke viel Wasser.	Ek drink baie water.

ESSEN UND TRINKEN

MILCH
Ich trinke jeden Morgen Milch.

MELK
Ek drink elke oggend melk.

SAFT
Er trinkt Orangensaft.

SAP
Hy drink lemoensap.

KAFFEE
Ich trinke morgens Kaffee.

KOFFIE
Ek drink koff in die oggend.

TEE
Sie trinkt gerne Tee.

TEE
Sy hou daarvan om tee te drink.

KOS EN DRINKGOED

WEIN	**WYN**
Er mag Rotwein.	Hy hou van rooiwyn.
BIER	**BIER**
Er trinkt Bier mit Freunden.	Hy drink bier met vriende.
LIMONADE	**KOELDRANK**
Ich trinke gerne Limonade.	Ek hou daarvan om koeldrank te drink.
WEIN	**WYN**
Sie genießen ein Glas Wein.	Hulle geniet 'n glas wyn.

KLERE

KLEIDUNG

HEMD	HEMP
Ich habe ein neues Hemd gekauft.	Ek het 'n nuwe hemp gekoop.

HOSE	BROEK
Er trägt blaue Hosen.	Hy dra blou broek.

KLEIDUNG

KLEID

Sie hat ein rotes Kleid gekauft.

ROKKIE

Sy het 'n rooi rokkie gekoop.

SCHUHE

Ich brauche neue Schuhe.

SKOENE

Ek het nuwe skoene nodig.

HUT

Er trägt einen Hut.

HOED

Hy dra 'n hoed.

ROCK

Sie trägt einen Rock.

ROK

Sy dra 'n rok.

KLERE

MANTEL

Ich trage im Winter einen Mantel.

JAS

Ek dra 'n jas in die winter.

JACKE

Sie hat eine neue Jacke gekauft.

BAADJIE

Sy het 'n nuwe baadjie gekoop.

T-SHIRT

Er trägt ein T-Shirt.

T-HEMP

Hy dra 'n T-hemp.

PULLOVER

Sie hat einen Pullover gestrickt.

TRUI

Sy het 'n trui gebrei.

HUIS EN TUIS

HAUS UND HEIM

HAUS	HUIS
Das Haus ist groß.	Die huis is groot.

ZIMMER	KAMER
Mein Zimmer ist im zweiten Stock.	My kamer is op die tweede vloer.

HAUS UND HEIM

KÜCHE

Die Küche ist sauber.

KOMBUIS

Die kombuis is skoon.

BADEZIMMER

Das Badezimmer ist oben.

BADKAMER

Die badkamer is bo.

WOHNZIMMER

Das Wohnzimmer ist geräumig.

SITKAMER

Die sitkamer is ruim.

SCHLAFZIMMER

Das Schlafzimmer ist gemütlich.

SLAAPKAMER

Die slaapkamer is knus.

HUIS EN TUIS

GARTEN	TUIN
Der Garten ist schön.	Die tuin is mooi.

GARAGE	MOTORHUIS
Das Auto ist in der Garage.	Die motor is in die motorhuis.

BALKON	BALKON
Wir frühstücken auf dem Balkon.	Ons eet ontbyt op die balkon.

DACH	DAK
Das Dach muss repariert werden.	Die dak het herstelwerk nodig.

SKOOL

SCHULE

LEHRER	**ONDERWYSER**
Der Lehrer erklärt die Lektion.	Die onderwyser verduidelik die les.
SCHÜLER	**STUDENT**
Der Schüler lernt fleißig.	Die student studeer hard.

SCHULE

KLASSENZIMMER

Das Klassenzimmer ist voller Schüler.

KLASLOKAAL

Die klaskamer is vol studente.

HAUSAUFGABEN

Ich habe viele Hausaufgaben.

HUISWERK

Ek het baie huiswerk.

PRÜFUNG

Die Prüfung war sehr schwierig.

EKSAMEN

Die eksamen was baie moeilik.

BIBLIOTHEK

Ich lerne in der Bibliothek.

BIBLIOTEEK

Ek studeer in die biblioteek.

SKOOL

BUCH

Ich lese ein Buch.

BOEK

Ek lees 'n boek.

SCHREIBTISCH

Mein Schreibtisch ist ordentlich.

LESER

My lessenaar is netjies.

STIFT

Ich brauche einen Stift zum Schreiben.

PEN

Ek het 'n pen nodig om te skryf.

NOTIZBUCH

Ich schreibe in mein Notizbuch.

NOTABOEK

Ek skryf in my notaboek.

WERKE EN BEROEPE

BERUFE UND PROFESSIONEN

ARZT

Der Arzt ist sehr freundlich.

DOKTER

Die dokter is baie vriendelik.

INGENIEUR

Der Ingenieur entwarf die Brücke.

INGENIEUR

Die ingenieur het die brug ontwerp.

BERUFE UND PROFESSIONEN

KRANKENPFLEGER

Der Krankenpfleger ist sehr fürsorglich.

VERPLEEGSTER

Die verpleegster is baie sorgsaam.

LEHRER

Der Lehrer ist sehr streng.

ONDERWYSER

Die onderwyser is baie streng.

POLIZIST

Der Polizist half uns.

POLISIEBEAMPTE

Die polisiebeampte het ons gehelp.

FEUERWEHRMANN

Der Feuerwehrmann rettete die Katze.

BRANDWEERMAN

Die brandweerman het die kat gered.

WERKE EN BEROEPE

KOCH

Der Koch bereitete ein köstliches Essen zu.

SJEF

Die sjef het 'n heerlike maaltyd gekook.

KÜNSTLER

Der Künstler malte ein schönes Bild.

KUNSTENARES

Die kunstenaar het 'n pragtige prent geskilder.

ANWALT

Der Anwalt gab uns Ratschläge.

PROKUREUR

Die prokureur het ons raad gegee.

ZAHNARZT

Der Zahnarzt reinigte meine Zähne.

TANDARTS

Die tandarts het my tande skoongemaak.

VERVOER

TRANSPORT

AUTO

Ich habe ein neues Auto gekauft.

MOTOR

Ek het 'n nuwe motor gekoop.

BUS

Ich nehme den Bus zur Arbeit.

BUS

Ek neem die bus werk toe.

TRANSPORT

FAHRRAD

Ich fahre jeden Tag mit dem Fahrrad.

FIETS

Ek ry elke dag my fiets.

ZUG

Der Zug hat Verspätung.

TREIN

Die trein is laat.

FLUGZEUG

Das Flugzeug hebt ab.

VLIEGTUIG

Die vliegtuig styg op.

BOOT

Das Boot segelt.

BOOT

Die boot seil.

VERVOER

LKW

Der LKW transportiert Waren.

VRAGMOTOR

Die vragmotor vervoer goedere.

MOTORRAD

Das Motorrad ist schnell.

MOTORFIETS

Die motorfiets is vinnig.

U-BAHN

Die U-Bahn ist überfüllt.

MOLTREIN

Die moltrein is vol mense.

HUBSCHRAUBER

Der Hubschrauber fliegt niedrig.

HELIKOPTER

Die helikopter vlieg laag.

REIS

REISE

FLUGHAFEN	LUGHAWE
Der Flughafen ist sehr beschäftigt.	Die lughawe is baie besig.
HOTEL	**HOTEL**
Wir bleiben in einem schönen Hotel.	Ons bly in 'n lekker hotel.

REISE

REISEPASS
Hast du deinen Reisepass?

PASPOORT
Het jy jou paspoort?

TICKET
Ich habe ein Ticket nach Paris gekauft.

KAARTJIE
Ek het 'n kaartjie na Parys gekoop.

TOURIST
Der Tourist macht Fotos.

TOERIS
Die toeris neem foto's.

GEPÄCK
Ich muss mein Gepäck packen.

BAGASIE
Ek moet my bagasie pak.

REIS

KARTE Hast du eine Karte?	**KAART** Het jy 'n kaart?
FÜHRER Der Führer zeigte uns herum.	**GIDS** Die gids het ons rondgewys.
VISUM Ich brauche ein Visum zum Reisen.	**VISA** Ek benodig 'n visum om te reis.
KOFFER Mein Koffer ist schwer.	**REISTAS** My reistas is swaar.

WEER

WETTER

SONNIG	**SONNIG**
Heute ist ein sonniger Tag.	Vandag is 'n sonnige dag.

REGNERISCH	**REËNERIG**
Es ist ein regnerischer Nachmittag.	Dit is 'n reënerige middag.

WETTER

WINDIG

Es ist ein windiger Tag.

WINDERIG

Dit is 'n winderige dag.

SCHNEEBEDECKT

Es ist ein verschneiter Morgen.

SNEEUAGTIG

Dit is 'n sneeuagtige oggend.

BEWÖLKT

Es ist ein bewölkter Abend.

BEWOLK

Dit is 'n bewolkte aand.

STÜRMISCH

Es ist eine stürmische Nacht.

STORMAGTIG

Dit is 'n stormagtige nag.

WEER

NEBELIG
Es ist ein nebliger Morgen.

MISTLERIG
Dit is 'n mistige oggend.

FEUCHT
Es ist ein feuchter Tag.

HUMID
Dit is 'n klammige dag.

GEFRIEREND
Es friert draußen.

GEVRIES
Dit is voel buite gevries.

HEIß
Es ist ein heißer Tag.

VROOG
Dit is 'n warm dag.

GESONDHEID EN LIGGAAM

GESUNDHEIT UND KÖRPER

ARZT

Der Arzt ist sehr freundlich.

DOKTER

Die dokter is baie vriendelik.

KRANKENSCHWESTER

Die Krankenschwester ist sehr fürsorglich.

VERPLEEGSTER

Die verpleegster is baie omgee.

GESUNDHEIT UND KÖRPER

KRANKENHAUS
Das Krankenhaus ist sauber.

HOSPITAAL
Die hospitaal is skoon.

MEDIZIN
Ich muss meine Medizin nehmen.

MEDISYNE
Ek moet my medisyne neem.

APOTHEKE
Ich muss in die Apotheke gehen.

APTEEK
Ek moet na die apteek toe gaan.

ZAHNARZT
Ich habe einen Termin beim Zahnarzt.

TANDARTS
Ek het 'n afspraak met die tandarts.

GESONDHEID EN LIGGAAM

THERAPEUT

Der Therapeut ist sehr hilfreich.

TERAPEUT

Die terapeut is baie behulpsaam.

CHIRURG

Der Chirurg hat eine erfolgreiche Operation durchgeführt.

CHIRURG

Die chirurg het 'n suksesvolle operasie uitgevoer.

PATIENT

Der Patient erholt sich.

PASIËNT

Die pasiënt is besig om te herstel.

KLINIK

Die Klinik ist 24 Stunden geöffnet.

KLINIEK

Die kliniek is 24 uur oop.

EMOSIES

EMOTIONEN

GLÜCKLICH	**BLY**
Sie fühlt sich heute sehr glücklich.	Sy voel baie bly vandag.
TRAURIG	**HARTSEER**
Er sieht traurig aus.	Hy lyk hartseer.

EMOTIONEN

WÜTEND

Sie ist wütend auf ihre Freundin.

KWAAD

Sy is kwaad vir haar vriend.

AUFGEREGT

Die Kinder sind aufgeregt.

OPGEWONDE

Die kinders is opgewonde.

VERÄNGSTIGT

Sie hat Angst vor der Dunkelheit.

BANG

Sy is bang vir die donker.

ÜBERRASCHT

Er war von den Nachrichten überrascht.

VERBAAS

Hy was verbaas oor die nuus.

EMOSIES

GELANGWEILT

Sie fühlt sich zu Hause gelangweilt.

VERVEELD

Sy voel verveeld by die huis.

RUHIG

Er ist sehr ruhig unter Druck.

KALM

Hy is baie kalm onder druk.

NERVÖS

Sie ist nervös wegen der Prüfung.

SENUWEEAGTIG

Sy is senuweeagtig oor die eksamen.

VERWIRRT

Er ist über die Anweisungen verwirrt.

VERWARD

Hy is verward oor die instruksies.

NATUUR

NATUR

BAUM	**BOOM**
Der Baum ist sehr groß.	Die boom is baie lank.
BLUME	**BLOM**
Die Blume ist schön.	Die blom is pragtig.

NATUR

FLUSS

Der Fluss ist breit.

RIVIER

Die rivier is breed.

BERG

Der Berg ist hoch.

BERG

Die berg is hoog.

WALD

Der Wald ist dicht.

WOUD

Die woud is dig.

OZEAN

Der Ozean ist riesig.

OSEAAN

Die oseaan is uitgestrek.

NATUUR

STRAND	**STRAND**
Der Strand ist überfüllt.	Die strand is oorvol.
WÜSTE	**WOESTYN**
Die Wüste ist heiß.	Die woestyn is warm.
SEE	**MEER**
Der See ist ruhig.	Die meer is rustig.
TAL	**VALLEI**
Das Tal ist schön.	Die vallei is pragtig.

DIERE

TIERE

HUND	**HOND**
Der Hund bellt.	Die hond blaf.
KATZE	**KAT**
Die Katze schläft.	Die kat slaap.

TIERE

VOGEL

Der Vogel singt.

VOËL

Die voël sing.

FISCH

Der Fisch schwimmt.

VIS

Die vis swem.

PFERD

Das Pferd rennt.

PERD

Die perd hardloop.

KUH

Die Kuh weidet.

KOEI

Die koei wei.

DIERE

LÖWE	LEEUW
Der Löwe brüllt.	Die leeuw brul.

ELEFANT	OLIFANT
Der Elefant ist riesig.	Die olifant is groot.

AFFE	AAP
Der Affe ist verspielt.	Die aap is speels.

TIGER	TIER
Der Tiger ist wild.	Die tier is fel.

STOKPERDJIES

HOBBYS

LESEN	**LEES**
Ich lese gerne Bücher.	Ek geniet dit om boeke te lees.
MALEN	**SKILDER**
Sie liebt es zu malen.	Sy is lief vir skilder.

HOBBYS

GARTENARBEIT

Ich verbringe meine Wochenenden mit Gartenarbeit.

TUINMAAK

Ek spandeer my naweke aan tuinmaak.

KOCHEN

Er kocht gerne.

KOOK

Hy geniet dit om te kook.

TANZEN

Sie tanzen gerne.

DANS

Hulle hou van dans.

RADFAHREN

Ich gehe jeden Morgen Radfahren.

FIETSRY

Ek gaan elke oggend fietsry.

STOKPERDJIES

SINGEN

Ich singe gerne.

SING

Ek geniet dit om te sing.

SCHWIMMEN

Sie liebt es zu schwimmen.

SWEM

Sy is lief vir swem.

REISEN

Ich reise gerne an neue Orte.

REIS

Ek hou daarvan om na nuwe plekke te reis.

ANGELN

Er geht am Wochenende angeln.

HENGEL

Hy gaan hengel oor naweke.

SPORT

SPORT

FUSSBALL

Er spielt jedes Wochenende Fußball.

SOKKER

Hy speel elke naweek sokker.

BASKETBALL

Sie liebt es, Basketball zu spielen.

BASKETBAL

Sy hou daarvan om basketbal te speel.

SPORT

TENNIS Sie spielen sonntags Tennis.	**TENNIS** Hulle speel Sondae tennis.
SCHWIMMEN Ich gehe jeden Morgen schwimmen.	**SWEM** Ek gaan elke oggend swem.
LAUFEN Sie läuft gerne im Park.	**HARDLOOP** Sy geniet dit om in die park te hardloop.
RADFAHREN Er geht an den Wochenenden radfahren.	**FIETSRY** Hy gaan fietsry oor naweke.

SPORT

YOGA

Sie praktiziert jeden Tag Yoga.

JOGA

Sy oefen elke dag joga.

TANZEN

Sie tanzen gerne.

DANS

Hulle geniet dit om te dans.

WANDERN

Wir gehen in den Bergen wandern.

STAP

Ons gaan stap in die berge.

GOLF

Er spielt Golf mit seinen Freunden.

GHOLF

Hy speel gholf met sy vriende.

TEGNOLOGIE

TECHNOLOGIE

COMPUTER	**REKENAAR**
Ich habe einen neuen Computer gekauft.	Ek het 'n nuwe rekenaar gekoop.
INTERNET	**INTERNET**
Das Internet ist heute langsam.	Die internet is vandag stadig.

TECHNOLOGIE

SMARTPHONE

Ich brauche ein neues Smartphone.

SLIMFOON

Ek benodig 'n nuwe slimfoon.

TABLET

Das Tablet ist sehr nützlich.

TABLET

Die tablet is baie nuttig.

LAPTOP

Mein Laptop ist kaputt.

SKOOTREKENAAR

My skootrekenaar is stukkend.

SOFTWARE

Ich muss neue Software installieren.

SAGTEWARE

Ek moet nuwe sagteware installeer.

TEGNOLOGIE

APP	TOEP
Diese App ist sehr hilfreich.	Hierdie toep is baie nuttig.

GADGET	GADGET
Dieses Gerät ist erstaunlich.	Hierdie gadget is wonderlik.

DEVICE	TOESTEL
Dieses Gerät ist einfach zu bedienen.	Hierdie toestel is maklik om te gebruik.

CAMERA	KAMERA
Ich brauche eine neue Kamera.	Ek benodig 'n nuwe kamera.

INKOPIES

EINKAUFEN

GESCHÄFT	**WINKEL**
Das Geschäft ist geöffnet.	Die winkel is oop.

MARKT	**MARK**
Ich kaufe Gemüse auf dem Markt.	Ek koop groente by die mark.

EINKAUFEN

EINKAUFSZENTRUM

Das Einkaufszentrum ist sehr überfüllt.

WINKELSENTRUM

Die winkelsentrum is baie vol.

SUPERMARKT

Ich muss zum Supermarkt gehen.

SUPERMARK

Ek moet na die supermark toe gaan.

BOUTIQUE

Ich habe ein schönes Kleid in der Boutique gefunden.

BOETIEK

Ek het 'n mooi rok by die boetiek gevind.

BÄCKEREI

Die Bäckerei verkauft frisches Brot.

BAKKER

Die bakker verkoop vars brood.

INKOPIES

APOTHEKE

Ich muss Medizin aus der Apotheke kaufen.

APTEEK

Ek moet medisyne by die apteek koop.

METZGER

Ich kaufe Fleisch beim Metzger.

SLAGTER

Ek koop vleis by die slagter.

FLORIST

Ich habe Blumen beim Floristen gekauft.

BLOMMEKWINKELS

Ek het blomme by die blommekwinkels gekoop.

LEBENSMITTELGESCHÄFT

Das Lebensmittelgeschäft ist 24/7 geöffnet.

KRUIDENIERSWINKEL

Die kruidenierswinkel is 24/7 oop.

RIGTE

RICHTUNGEN

LINKS	**LINKS**
Biegen Sie an der Ecke links ab.	Draai links by die hoek.
RECHTS	**REGS**
Biegen Sie nach der Bank rechts ab.	Draai regs na die bank.

RICHTUNGEN

GERADEAUS

Gehen Sie geradeaus.

REGUIT

Gaan reguit vorentoe.

NORDEN

Die Bibliothek ist im Norden.

NOORD

Die biblioteek is na die noorde.

SÜDEN

Der Park ist im Süden.

SUID

Die park is na die suide.

OSTEN

Die Schule ist im Osten.

OOS

Die skool is na die ooste.

RIGTE

WESTEN	**WES**
Das Krankenhaus ist im Westen.	Die hospitaal is na die weste.
IN DER NÄHE	**NABY**
Die Bank ist in der Nähe der Post.	Die bank is naby die poskantoor.
WEIT	**VER**
Das Kino ist weit von hier entfernt.	Die bioskoop is ver hiervandaan.
NEBEN	**LANGS**
Das Restaurant ist neben dem Hotel.	Die restaurant is langs die hotel.

TYD

ZEIT

MORGEN	**OGGEND**
Ich wache früh am Morgen auf.	Ek word vroeg in die oggend wakker.
NACHMITTAG	**MIDDAG**
Ich arbeite am Nachmittag.	Ek werk in die middag.

ZEIT

ABEND
Wir essen zu Abend.

AAND
Ons eet aandete in die aand.

NACHT
Es ist sehr ruhig in der Nacht.

NAG
Dit is baie stil in die nag.

STUNDE
Das Meeting dauert eine Stunde.

UUR
Die vergadering duur een uur.

MINUTE
Warte eine Minute, bitte.

MINUUT
Wag 'n minuut, asseblief.

TYD

SEKUNDE

Ich werde in einer Sekunde dort sein.

SEKONDE

Ek sal daar wees in 'n sekonde.

TAG

Es ist ein schöner Tag.

DAG

Dit is 'n pragtige dag.

WOCHE

Ich werde dich nächste Woche sehen.

WEEK

Ek sal jou volgende week sien.

MONAT

Ich werde nächsten Monat verreisen.

MAAND

Ek sal volgende maand reis.

VIERINGE

FEIERN

WEIHNACHTEN

Wir feiern Weihnachten im Dezember.

KERSFEES

Ons vier Kersfees in Desember.

GEBURTSTAG

Ihr Geburtstag ist nächste Woche.

VERJAARSDAG

Haar verjaarsdag is volgende week.

FEIERN

OSTERN

Wir machen eine Ostereiersuche.

PAASFEES

Ons het 'n Paasfees-eierjag.

NEUJAHR

Wir feiern das Neujahr mit Feuerwerk.

NUWE JAAR

Ons vier die Nuwe Jaar met vuurwerke.

HOCHZEIT

Die Hochzeit war wunderschön.

TROUE

Die troue was pragtig.

FESTIVAL

Das Festival findet jedes Jahr statt.

FEES

Die fees word elke jaar gehou.

VIERINGE

JAHRESTAG

Heute ist ihr Hochzeitstag.

HUWELIKSHERDENKING

Vandag is hul huweliksherdenking.

FEIERTAG

Heute ist ein Feiertag.

VAKANSIE

Vandag is 'n openbare vakansiedag.

PARTY

Die Party war sehr lustig.

PARTYTJIE

Die partytjie was baie pret.

KARNEVAL

Der Karneval ist bunt und lebhaft.

KARNAVAL

Die karnaval is kleurvol en lewendig.

MUSIEK

MUSIK

LIED	LIED
Ich mag dieses Lied.	Ek hou van hierdie lied.
MUSIK	**MUSIEK**
Sie hört jeden Tag Musik.	Sy luister elke dag na musiek.

MUSIK

BAND	BAND
Ich mag diese Band.	Ek hou van hierdie band.

INSTRUMENT	INSTRUMENT
Er spielt ein Musikinstrument.	Hy speel 'n musiekinstrument.

KONZERT	KONSERT
Das Konzert war wunderbar.	Die konsert was ongelooflik.

GITARRE	KITAAR
Er spielt die Gitarre.	Hy speel kitaar.

MUSIEK

KLAVIER

Sie spielt wunderschön Klavier.

KLAVIER

Sy speel die klavier pragtig.

GEIGE

Er lernt, die Geige zu spielen.

VIOOL

Hy leer om viool te speel.

SCHLAGZEUG

Er spielt Schlagzeug in einer Band.

DROMME

Hy speel die dromme in 'n band.

MIKROFON

Sie sang ins Mikrofon.

MIKROFOON

Sy het in die mikrofoon gesing.

FLIEKS EN TV-PROGRAMME

FILME UND FERNSEHSENDUNGEN

FILM

Dieser Film ist sehr interessant.

FLIEK

Hierdie fliek is baie interessant.

FERNSEHSENDUNG

Diese Fernsehsendung ist sehr beliebt.

TV-PROGRAM

Hierdie TV-program is baie gewild.

FILME UND FERNSEHSENDUNGEN

SCHAUSPIELER

Der Schauspieler ist sehr talentiert.

AKTEUR

Die akteur is baie talentvol.

REGISSEUR

Der Regisseur hat einen großartigen Film gemacht.

REGISSEUR

Die regisseur het 'n wonderlike fliek gemaak.

EPISODE

Ich habe die neueste Episode gesehen.

EPISODE

Ek het die jongste episode gekyk.

SERIE

Diese Serie ist sehr beliebt.

REEKS

Hierdie reeks is baie gewild.

FLIEKS EN TV-PROGRAMME

STAFFEL

Die neue Staffel beginnt bald.

SEISOEN

Die nuwe seisoen begin binnekort.

GENRE

Dieses Genre ist mein Favorit.

GENRE

Hierdie genre is my gunsteling.

DOKUMENTARFILM

Ich habe einen Dokumentarfilm gesehen.

DOKUMENTÊR

Ek het 'n dokumentêr gekyk.

KOMÖDIE

Ich schaue gerne Komödien.

KOMEDIE

Ek hou daarvan om na komedieprogramme te kyk.

BOEKE EN LITERATUUR

BÜCHER UND LITERATUR

BUCH

Ich lese ein neues Buch.

BOEK

Ek lees 'n nuwe boek.

AUTOR

Der Autor ist sehr berühmt.

OUTEUR

Die outeur is baie bekend.

BÜCHER UND LITERATUR

GESCHICHTE

Die Geschichte ist fesselnd.

STORIE

Die storie is aangrypend.

ROMAN

Ich lese einen Roman.

ROMAN

Ek lees 'n roman.

POESIE

Ich lese gerne Poesie.

POËSIE

Ek geniet dit om poësie te lees.

KAPITEL

Ich habe das erste Kapitel beendet.

HOOFSTUK

Ek het die eerste hoofstuk klaargemaak.

BOEKE EN LITERATUUR

BIBLIOTHEK

Die Bibliothek hat viele Bücher.

BIBLIOTEEK

Die biblioteek het baie boeke.

FIKTION

Ich lese gerne Fiktion.

FIKSIE

Ek hou daarvan om fiksie te lees.

BIOGRAFIE

Ich lese eine Biografie.

BIOGRAFIE

Ek lees 'n biografie.

VERLAG

Der Verlag hat ein neues Buch veröffentlicht.

UITGEWER

Die uitgewer het 'n nuwe boek vrygestel.

KUNS

KUNST

GEMÄLDE	**SKILDERY**
Das Gemälde ist schön.	Die skildery is pragtig.
SKULPTUR	**BEELDHOUWERK**
Die Skulptur ist beeindruckend.	Die beeldhouwerk is indrukwekkend.

KUNST

ZEICHNUNG

Die Zeichnung ist detailliert.

TEKENING

Die tekening is gedetailleerd.

MUSEUM

Das Museum hat viele Ausstellungen.

MUSEUM

Die museum het baie uitstallings.

GALERIE

Die Galerie zeigt moderne Kunst.

GALERIE

Die galerie vertoon moderne kuns.

AUSSTELLUNG

Die Ausstellung öffnet morgen.

UITSTALLING

Die uitstalling open môre.

KUNS

FOTOGRAFIE
Das Foto ist in Schwarz-Weiß.

FOTO
Die foto is in swart en wit.

STATUE
Die Statue ist aus Marmor.

STANDBEELD
Die standbeeld is van marmer gemaak.

LEINWAND
Der Künstler malte auf Leinwand.

DOEK
Die kunstenaar het op doek geverf.

GRAFFITI
Das Graffiti ist sehr künstlerisch.

GRAFFITI
Die graffiti is baie artistiek.

WETENSKAP

WISSENSCHAFT

EXPERIMENT

Wir haben ein wissenschaftliches Experiment durchgeführt.

EKSPERIMENT

Ons het 'n wetenskaplike eksperiment gedoen.

MIKROSKOP

Wir haben uns Zellen unter dem Mikroskop angesehen.

MIKROSKOOP

Ons het na selle onder die mikroskoop gekyk.

WISSENSCHAFT

PHYSIK

Physik ist mein Lieblingsfach.

FISIKA

Fisika is my gunsteling vak.

CHEMIE

Wir haben etwas über Elemente in der Chemie gelernt.

CHEMIE

Ons het oor elemente in chemie geleer.

BIOLOGIE

Biologie untersucht lebende Organismen.

BIOLOGIE

Biologie bestudeer lewende organismes.

ASTRONOMIE

Astronomie ist faszinierend.

STERREKUNDE

Sterrekunde is fassinerend.

WETENSKAP

GEOLOGIE

Geologie untersucht die Erde.

GEOLOGIE

Geologie bestudeer die Aarde.

BOTANIK

Botanik ist die Wissenschaft von den Pflanzen.

PLANTENKUNDE

Plantenkunde is die studie van plante.

ÖKOLOGIE

Ökologie konzentriert sich auf Ökosysteme.

EKOLOGIE

Ekologie fokus op ekosisteme.

GENETIK

Genetik ist ein Zweig der Biologie.

GENETIKA

Genetika is 'n tak van biologie.

WISKUNDE

MATHEMATIK

ADDITION

Addition ist einfach für sie.

OPTELLING

Optelling is maklik vir haar.

SUBTRAKTION

Subtraktion kann knifflig sein.

AFTREKKING

Aftrekking kan moeilik wees.

MATHEMATIK

MULTIPLIKATION

Er ist gut in Multiplikation.

VERMENIGVULDIGING

Hy is goed met vermenigvuldiging.

DIVISION

Division ist eine grundlegende mathematische Operation.

DELING

Deling is 'n basiese wiskunde-operasie.

BRUCH

Wir lernen Brüche in Mathematik.

BREUK

Ons leer breuke in wiskunde.

GLEICHUNG

Die Gleichung ist schwer zu lösen.

VERGELYKING

Die vergelyking is moeilik om op te los.

WISKUNDE

GEOMETRIE

Geometrie beinhaltet Formen und Winkel.

MEETKUNDE

Meetkunde behels vorms en hoeke.

ALGEBRA

Algebra verwendet Buchstaben und Symbole.

ALGEBRA

Algebra gebruik letters en simbole.

TRIGONOMETRIE

Trigonometrie befasst sich mit Dreiecken.

TRIGONOMETRIE

Trigonometrie handel oor driehoeke.

STATISTIK

Statistik wird in vielen Bereichen verwendet.

STATISTIEK

Statistiek word in baie velde gebruik.

GESKIEDENIS

GESCHICHTE

KRIEG
Der Krieg dauerte fünf Jahre.

OORLOG
Die oorlog het vyf jaar geduur.

REVOLUTION
Die Revolution veränderte das Land.

REVOLUSIE
Die revolusie het die land verander.

GESCHICHTE

IMPERIUM

Das Römische Reich war riesig.

RYK

Die Romeinse Ryk was groot.

KOLONISIERUNG

Die Kolonisierung betraf viele Regionen.

KOLONISASIE

Kolonisasie het baie streke beïnvloed.

UNABHÄNGIGKEIT

Sie kämpften für die Unabhängigkeit.

ONAFHANKLIKHEID

Hulle het vir onafhanklikheid geveg.

ANTIK

Sie studierten antike Zivilisationen.

ANTIEKE

Hulle het antieke beskawings bestudeer.

GESKIEDENIS

MITTELALTERLICH

Sie besuchten eine mittelalterliche Burg.

MIDDELEEUSE

Hulle het 'n middeleeuse kasteel besoek.

MODERN

Sie leben in einem modernen Haus.

MODERNE

Hulle woon in 'n moderne huis.

RENAISSANCE

Die Renaissance war eine Zeit kulturellen Aufschwungs.

RENAISSANCE

Die Renaissance was 'n tydperk van kulturele herlewing.

VIKTORIANISCH

Sie restaurierten ein viktorianisches Haus.

VICTORIAANSE

Hulle het 'n Victoriaanse huis gerestoureer.

GEOGRAFIE

GEOGRAPHIE

KONTINENT	KONTINENT
Afrika ist ein Kontinent.	Afrika is 'n kontinent.

LAND	LAND
Frankreich ist ein wunderschönes Land.	Frankryk is 'n pragtige land.

GEOGRAPHIE

STADT

New York ist eine große Stadt.

STAD

New York is 'n groot stad.

DORF

Das Dorf ist sehr friedlich.

DORP

Die dorp is baie rustig.

FLUSS

Der Fluss fließt durch die Stadt.

RIVIER

Die rivier vloei deur die stad.

BERG

Wir sind auf den Berg gewandert.

BERG

Ons het die berg opgeklim.

GEOGRAFIE

SEE

Der See ist sehr tief.

MEER

Die meer is baie diep.

INSEL

Wir haben ein Boot zur Insel genommen.

EILAND

Ons het met 'n boot na die eiland gegaan.

WÜSTE

Die Wüste ist während des Tages sehr heiß.

WOESTYN

Die woestyn is baie warm gedurende die dag.

SCHLUCHT

Die Schlucht ist atemberaubend.

KLOOF

Die kloof is asemrowend.

POLITIEK

POLITIK

DEMOKRATIE

Demokratie ermöglicht den Menschen zu wählen.

DEMOKRASIE

Demokrasie laat mense toe om te stem.

REGIERUNG

Die Regierung hat neue Gesetze erlassen.

REGERING

Die regering het nuwe wette gemaak.

POLITIK

PRÄSIDENT
Der Präsident hielt eine Rede.

PRESIDENT
Die president het 'n toespraak gemaak.

WAHL
Die Wahl ist nächsten Monat.

VERKIESING
Die verkiesing is volgende maand.

SENATOR
Der Senator besuchte unsere Stadt.

SENATOR
Die senator het ons dorp besoek.

PARLAMENT
Das Parlament hat ein neues Gesetz verabschiedet.

PARLEMENT
Die parlement het 'n nuwe wet aangeneem.

POLITIEK

KANDIDAT

Der Kandidat hielt eine Rede.

KANDIDAAT

Die kandidaat het 'n toespraak gemaak.

KAMPAGNE

Die Kampagne war erfolgreich.

VELTOCHT

Die veltocht was suksesvol.

POLITIK

Die neue Politik wurde umgesetzt.

BELEID

Die nuwe beleid is geïmplementeer.

DIPLOMATIE

Diplomatie ist wichtig in den internationalen Beziehungen.

DIPLOMASIE

Diplomasie is belangrik in internasionale betrekkinge.

GODSDIENS

RELIGION

KIRCHE Wir gehen sonntags in die Kirche.	**KERK** Ons gaan Sondae kerk toe.
MOSCHEE Wir besuchten gestern die Moschee.	**MOSKEE** Ons het gister die moskee besoek.

RELIGION

TEMPEL

Der Tempel ist sehr friedlich.

TEMPEL

Die tempel is baie vreedsaam.

SYNAGOGE

Wir gingen zur Zeremonie in die Synagoge.

SINAGOGE

Ons het na die seremonie na die sinagoge gegaan.

PRIESTER

Der Priester gab einen Segen.

PRIESTER

Die priester het 'n seën gegee.

BIBEL

Ich lese jeden Tag die Bibel.

BYBEL

Ek lees elke dag die Bybel.

GODSDIENS

KORAN
Sie rezitieren täglich den Koran.

KORAN
Hulle resiteer daagliks die Koran.

VEDEN
Sie studieren die Veden.

VEDAS
Hulle bestudeer die Vedas.

HYMNE
Wir sangen eine Hymne in der Kirche.

GESANG
Ons het 'n gesang in die kerk gesing.

GEBET
Wir sagten ein Gebet für den Frieden.

GEBED
Ons het 'n gebed vir vrede gesê.

FEESTE

FESTE

KARNEVAL

Der Karneval ist sehr bunt.

KARNAVAL

Die karnaval is baie kleurvol.

PARADE

Die Parade war erstaunlich.

PARADE

Die parade was ongelooflik.

FESTE

FEUERWERK

Wir haben die Feuerwerksshow gesehen.

VUURWERKE

Ons het die vuurwerkvertoning gekyk.

KONZERT

Das Konzert war fantastisch.

KONSERT

Die konsert was fantasties.

TANZ

Sie führten einen traditionellen Tanz auf.

DANS

Hulle het 'n tradisionele dans uitgevoer.

FESTIVAL

Das Festival hat Spaß gemacht.

FEES

Die fees was pret.

FEESTE

FESTMAHL

Das Festmahl war köstlich.

FEESMAAL

Die feesmaal was heerlik.

FEIER

Die Feier dauerte die ganze Nacht.

VIERING

Die viering het die hele nag geduur.

MASKE

Sie trugen Masken auf dem Festival.

MASKER

Hulle het maskers by die fees gedra.

LATERNE

Die Laternen erleuchteten die Nacht.

LANTAAR

Die lanterns het die nag verlig.

SOSIALE MEDIA

SOZIALE MEDIEN

BEITRAG

Ich mochte deinen Beitrag in den sozialen Medien.

POS

Ek het van jou pos op sosiale media gehou.

GEFÄLLT MIR

Sie hat viele "Gefällt mir" Angaben auf ihrem Beitrag bekommen.

HOU VAN

Sy het baie hou van op haar pos gekry.

SOZIALE MEDIEN

TEILEN

Bitte teile diesen Beitrag.

DEEL

Deel asseblief hierdie pos.

KOMMENTAR

Ich habe einen Kommentar zu deinem Foto hinterlassen.

OPMERKING

Ek het 'n opmerking op jou foto gelos.

FOLLOWER

Sie hat viele Follower.

VOLGELING

Sy het baie volgelinge.

FREUNDSCHAFTSANFRAGE

Ich habe dir eine Freundschaftsanfrage gesendet.

VRIENDSKAPVERSOEK

Ek het jou 'n vriendskapversoek gestuur.

SOSIALE MEDIA

PROFIL	**PROFIEL**
Aktualisiere dein Profilbild.	Werk jou profielfoto by.
TWEET	**TWEET**
Er hat einen neuen Tweet gepostet.	Hy het 'n nuwe tweet geplaas.
BENACHRICHTIGUNG	**KENNISGEWING**
Ich habe eine Benachrichtigung auf meinem Handy bekommen.	Ek het 'n kennisgewing op my foon gekry.
FEED	**VOER**
Ich habe meinen Feed überprüft.	Ek het my voer nagegaan.

INTERNET

INTERNET

WEBSEITE

Die Webseite ist sehr informativ.

WEBWERF

Die webwerf is baie insiggewend.

E-MAIL

Ich habe dir eine E-Mail geschickt.

E-POS

Ek het vir jou 'n e-pos gestuur.

INTERNET

BLOG

Ich schreibe einen Blog über Reisen.

BLOG

Ek skryf 'n blog oor reis.

FORUM

Ich bin einem Online-Forum beigetreten.

FORUM

Ek het by 'n aanlyn forum aangesluit.

SUCHE

Ich muss nach Informationen suchen.

SOEK

Ek moet vir inligting soek.

LINK

Klicken Sie auf den Link.

SKAKEL

Klik op die skakel.

INTERNET

HERUNTERLADEN

Ich muss die Datei herunterladen.

AFLAAI

Ek moet die lêer aflaai.

HOCHLADEN

Ich werde die Fotos hochladen.

OPLAAI

Ek gaan die foto's oplaai.

SEITE

Die Seite lädt langsam.

BLADSY

Die bladsy laai stadig.

NETZWERK

Das Netzwerk ist ausgefallen.

NETWERK

Die netwerk is af.

TELEFOON EN KOMMUNIKASIE

TELEFON UND KOMMUNIKATION

ANRUF	BEL
Ich werde dich später anrufen.	Ek sal jou later bel.

TEXTNACHRICHT	TEKS
Schick mir eine Textnachricht.	Stuur vir my 'n teksboodskap.

TELEFON UND KOMMUNIKATION

SPRACHNACHRICHT

Ich habe dir eine Sprachnachricht hinterlassen.

STEMPOS

Ek het vir jou 'n stempos gelos.

KLINGELN

Mein Telefon hat nicht geklingelt.

LUI

My foon het nie gelui nie.

KONTAKT

Ich habe meine Kontaktliste verloren.

KONTAK

Ek het my kontaklys verloor.

SIGNAL

Das Signal ist hier schwach.

SEIN

Die sein is swak hier.

TELEFOON EN KOMMUNIKASIE

NACHRICHT

Ich habe deine Nachricht erhalten.

BOODSKAP

Ek het jou boodskap ontvang.

CHAT

Lass uns chatten.

GESELS

Kom ons gesels.

VIDEOANRUF

Wir hatten einen Videoanruf.

VIDEO-OPROEP

Ons het 'n video-oproep gehad.

EMPFÄNGER

Der Empfänger funktioniert nicht.

ONTVANGER

Die ontvanger werk nie.

NOODSITUASIES

NOTFALLSITUATIONEN

KRANKENWAGEN

Rufen Sie sofort einen Krankenwagen.

AMBULANS

Bel dadelik 'n ambulans.

FEUERWEHRMANN

Der Feuerwehrmann rettete das Kind.

BRANDWEERMAN

Die brandweerman het die kind gered.

NOTFALLSITUATIONEN

POLIZEI

Die Polizei ist hier, um zu helfen.

POLISIE

Die polisie is hier om te help.

NOTFALL

Dies ist eine Notfallsituation.

NOODGEVAL

Dit is 'n noodgeval.

UNFALL

Er hatte einen Autounfall.

ONGELUK

Hy het 'n motorongeluk gehad.

EVAKUIERUNG

Wir mussten das Gebäude evakuieren.

ONTRUIMING

Ons moes die gebou ontruim.

NOODSITUASIES

ERSTE HILFE

Ich brauche einen Erste-Hilfe-Kasten.

EERSTE HULP

Ek het 'n eerstehulptassie nodig.

SANITÄTER

Der Sanitäter kam schnell an.

NOODPARAMEDIKUS

Die noodparamedikus het vinnig opgedaag.

RETTUNG

Die Rettungsaktion war erfolgreich.

REDDING

Die reddingsoperasie was suksesvol.

ALARM

Der Alarm ging los.

ALARM

Die alarm het afgegaan.

RESTAURANTE

RESTAURANTS

SPEISEKARTE

Die Speisekarte hat viele Optionen.

SPYSKAART

Die spyskaart het baie opsies.

KELLNER

Der Kellner war sehr freundlich.

KELNER

Die kelner was baie vriendelik.

RESTAURANTS

KOCH

Der Koch hat ein leckeres Essen zubereitet.

SJEF

Die sjef het 'n heerlike ete voorberei.

GERICHT

Das Gericht war sehr schmackhaft.

GEREG

Die gereg was baie smaaklik.

TRINKGELD

Wir haben dem Kellner ein Trinkgeld gegeben.

FOOITJIE

Ons het 'n fooitjie vir die kelner gelos.

TISCH

Wir haben einen Tisch für zwei reserviert.

TAFEL

Ons het 'n tafel vir twee bespreek.

RESTAURANTE

BESTELLUNG

Wir möchten jetzt bestellen.

BESTELLING

Ons wil nou bestel.

RECHNUNG

Können wir bitte die Rechnung haben?

REKENING

Kan ons die rekening kry, asseblief?

KÜCHE

Das Restaurant bietet italienische Küche an.

KOOKKUNS

Die restaurant bied Italiaanse kookkuns aan.

KOCH

Der Koch hat ein wunderbares Essen gekocht.

SJEF

Die sjef het 'n wonderlike ete gekook.

HOTELLE

HOTELS

RESERVIERUNG

Ich habe eine Reservierung im Hotel gemacht.

BESPREKING

Ek het 'n bespreking by die hotel gemaak.

REZEPTION

Die Rezeption ist 24 Stunden geöffnet.

ONTVANGS

Die ontvangs is 24 uur oop.

HOTELS

EINCHECKEN

Wir haben im Hotel eingecheckt.

INBOEK

Ons het by die hotel ingeteken.

ZIMMER

Unser Zimmer ist im zweiten Stock.

KAMER

Ons kamer is op die tweede verdieping.

SUITE

Die Suite hat eine wunderschöne Aussicht.

SUITE

Die suite het 'n pragtige uitsig.

FRÜHSTÜCK

Frühstück ist im Zimmerpreis inbegriffen.

ONTBYT

Ontbyt is by die kamer ingesluit.

HOTELLE

LOBBY

Die Lobby ist sehr geräumig.

VOORPORTAAL

Die voorportaal is baie ruim.

AUFZUG

Der Aufzug ist außer Betrieb.

HYSBAK

Die hysbak is buite werking.

SERVICE

Der Service war ausgezeichnet.

DIENS

Die diens was uitstekend.

POOL

Der Hotelpool ist beheizt.

SWEMBAD

Die hotel se swembad is verhitte.

BANKWESE

BANKWESEN

KONTO	REKENING
Ich muss meinen Kontostand überprüfen.	Ek moet my rekeningsaldo nagaan.

EINZAHLUNG	DEPOSITO
Ich muss eine Einzahlung machen.	Ek moet 'n deposito maak.

BANKWESEN

DARLEHEN

Ich habe einen Kredit beantragt.

LENING

Ek het aansoek gedoen vir 'n lening.

KREDIT

Ich habe eine gute Kreditwürdigkeit.

KREDIET

Ek het 'n goeie krediettelling.

ZINSEN

Ich habe Zinsen auf das Darlehen gezahlt.

RENTE

Ek het rente op die lening betaal.

ERSPARNISSE

Ich habe ein Sparkonto.

SPAARGELD

Ek het 'n spaarrekening.

BANKWESE

ABHEBUNG

Ich muss eine Abhebung machen.

ONTTREKKING

Ek moet 'n onttrekking maak.

KONTOSTAND

Ich muss meinen Kontostand überprüfen.

BALANS

Ek moet my rekeningsaldo nagaan.

INVESTITION

Ich habe in Aktien investiert.

BELEGGING

Ek het 'n belegging in aandele gemaak.

ÜBERWEISUNG

Ich muss Geld überweisen.

OORDRAG

Ek moet geld oordra.

EIENDOM

IMMOBILIEN

WOHNUNG

Ich wohne in einer Wohnung.

WOONSTEL

Ek woon in 'n woonstel.

HAUS

Wir haben ein neues Haus gekauft.

HUIS

Ons het 'n nuwe huis gekoop.

IMMOBILIEN

MIETE

Wir zahlen jeden Monat Miete.

HUUR

Ons betaal elke maand huur.

HYPOTHEK

Sie haben eine Hypothek auf ihr Haus.

VERBAND

Hulle het 'n verband op hul huis.

EIGENTUM

Sie besitzen viel Eigentum.

EIENDOM

Hulle besit baie eiendom.

MIETVERTRAG

Wir haben einen Mietvertrag für die Wohnung unterschrieben.

HUURKONTRAK

Ons het 'n huurkontrak vir die woonstel geteken.

EIENDOM

MAKLER

Der Immobilienmakler war sehr hilfsbereit.

AGENT

Die eiendomsagent was baie behulpsaam.

VERMIETER

Unser Vermieter ist sehr nett.

VERHUURDER

Ons verhuurder is baie gaaf.

MIETER

Der Mieter zahlt die Miete pünktlich.

HUURDER

Die huurder betaal huur betyds.

MAKLER

Der Makler hat mir gute Ratschläge gegeben.

MAKELAARS

Die makelaar het my goeie advies gegee.

REGSTERME

RECHTLICHE BEGRIFFE

ANWALT

Der Anwalt gab mir guten Rat.

PROKUREUR

Die prokureur het my goeie advies gegee.

VERTRAG

Ich habe den Vertrag unterschrieben.

KONTRAK

Ek het die kontrak geteken.

RECHTLICHE BEGRIFFE

RICHTER
Der Richter traf eine Entscheidung.

REGTER
Die regter het 'n besluit geneem.

GERICHT
Das Gericht ist in Sitzung.

HOF
Die hof is in sitting.

ZEUGE
Der Zeuge sagte vor Gericht aus.

GETUIE
Die getuie het in die hof getuig.

VERBRECHEN
Verbrechen ist ein ernstes Problem.

MISDAAD
Misdaad is 'n ernstige kwessie.

REGSTERME

GESETZ

Das Gesetz muss befolgt werden.

REG

Die reg moet gevolg word.

RECHTSANWALT

Der Rechtsanwalt vertrat den Mandanten.

ADVOKAAT

Die advokaat het die kliënt verteenwoordig.

ANGEKLAGTER

Der Angeklagte plädierte auf nicht schuldig.

BESKULDIGDE

Die beskuldigde het onskuldig gepleit.

URTEIL

Das Urteil wurde verkündet.

VONNIS

Die vonnis is aangekondig.

MEDIESE TERME

MEDIZINISCHE BEGRIFFE

OPERATION

Die Operation war erfolgreich.

CHIRURGIE

Die chirurgie was suksesvol.

REZEPT

Der Arzt gab mir ein Rezept.

VOORSKRIF

Die dokter het vir my 'n voorskrif gegee.

MEDIZINISCHE BEGRIFFE

DIAGNOSE	**DIAGNOSE**
Die Diagnose war schnell.	Die diagnose was vinnig.
BEHANDLUNG	**BEHANDELING**
Die Behandlung wirkt.	Die behandeling werk.
IMPFSTOFF	**ENTSTOF**
Der Impfstoff ist sicher.	Die entstof is veilig.
ALLERGIE	**ALLERGIE**
Sie hat eine Allergie gegen Nüsse.	Sy het 'n allergie vir neute.

MEDIESE TERME

SYMPTOM

Er hatte grippeähnliche Symptome.

SIMPTOOM

Hy het griepagtige simptome gehad.

OPERATION

Die Operation war ein Erfolg.

OPERASIE

Die operasie was 'n sukses.

PATIENT

Der Patient erholt sich.

PASIËNT

Die pasiënt herstel.

KONSULTATION

Ich habe eine Konsultation mit dem Arzt.

KONSULTASIE

Ek het 'n konsultasie met die dokter.

OMGEWING

UMWELT

VERSCHMUTZUNG	BESOEDELING
Verschmutzung ist ein großes Problem.	Besoedeling is 'n groot probleem.

RECYCLING	HERNUBARE ENERGIE
Recycling hilft der Umwelt.	Herwinning help die omgewing.

UMWELT

KLIMA

Das Klima verändert sich.

KLIMAAT

Die klimaat verander.

ABHOLZUNG

Abholzung betrifft die Tierwelt.

ONTBOSSING

Ontbossing beïnvloed wilde diere.

OZON

Die Ozonschicht schützt uns.

OSOON

Die osoonlaag beskerm ons.

ERNEUERBAR

Erneuerbare Energie ist wichtig.

HERNUBARE

Hernubare energie is belangrik.

OMGEWING

ÖKOSYSTEM

Das Ökosystem ist vielfältig.

EKOSISTEEM

Die ekosisteem is uiteenlopend.

LEBENSRAUM

Der Lebensraum wird zerstört.

HABITAT

Die habitat word vernietig.

BIODIVERSITÄT

Biodiversität ist entscheidend.

BIODIVERSITEIT

Biodiversiteit is van kritieke belang.

NATURSCHUTZ

Naturschutzbemühungen sind notwendig.

BEWARING

Bewaringspogings is nodig.

RUIMTE

RAUM

STERN Der Stern ist sehr hell.	**STER** Die ster is baie helder.
PLANET Die Erde ist ein Planet.	**PLANEET** Aarde is 'n planeet.

RAUM

GALAXIE

Wir leben in der Milchstraße Galaxie.

MELKWEG

Ons woon in die Melkweg.

ASTEROID

Ein Asteroid flog an der Erde vorbei.

ASTEROÏDE

'n Asteroïde het verby die Aarde gegaan.

SCHWARZES LOCH

Ein schwarzes Loch ist mysteriös.

SWART GAT

'n Swart gat is misterieus.

RAUMSTATION

Die Raumstation umkreist die Erde.

RUIMTESTASIE

Die ruimtestasie wentel om die Aarde.

RUIMTE

SATELLIT Der Satellit sendet Signale.	**SATELLIET** Die satelliet stuur seine.
KOSMOS Der Kosmos ist riesig.	**KOSMOS** Die kosmos is uitgestrek.
KOMET Wir sahen letzte Nacht einen Kometen.	**KOMEET** Ons het gisteraand 'n komeet gesien.
RAKETE Die Rakete startete erfolgreich.	**VUURPYL** Die vuurpyl het suksesvol gelanseer.

EMOSIES EN GEVOELENS

GEFÜHLE UND EMOTIONEN

GLÜCK

Glück ist wichtig.

GELUK

Geluk is belangrik.

TRAURIGKEIT

Traurigkeit ist eine natürliche Emotion.

HARTSERE

Hartsere is 'n natuurlike emosie.

GEFÜHLE UND EMOTIONEN

WUT

Wut kann schwer zu kontrollieren sein.

WOEDE

Woede kan moeilik wees om te beheer.

ANGST

Angst kann überwältigend sein.

VREES

Vrees kan oorweldigend wees.

LIEBE

Liebe ist ein starkes Gefühl.

LIEFDE

Liefde is 'n kragtige gevoel.

ÜBERRASCHUNG

Das Geschenk war eine Überraschung.

VERASSING

Die geskenk was 'n verassing.

EMOSIES EN GEVOELENS

AUFREGUNG

Die Kinder waren voller Aufregung.

OPGEWONDENHEID

Die kinders was vol opgewondenheid.

EIFERSUCHT

Eifersucht kann Beziehungen ruinieren.

JALOESIE

Jaloesie kan verhoudings ruïneer.

STOLZ

Sie fühlte Stolz auf ihre Arbeit.

TROTS

Sy het trots gevoel in haar werk.

DANKBARKEIT

Er drückte seine Dankbarkeit aus.

DANKBAARHEID

Hy het sy dankbaarheid uitgespreek.

DANKE

Wir hoffen, dass dieses Buch eine wertvolle Ressource auf Ihrem Weg zum Erlernen einer neuen Sprache war. Ihr Engagement, Ihre sprachlichen Fähigkeiten zu erweitern, ist lobenswert und wir fühlen uns geehrt, Teil Ihrer Lernerfahrung gewesen zu sein. Wir glauben, dass das Erlernen einer Sprache Türen zu neuen Kulturen, Möglichkeiten und Freundschaften öffnet, und wir freuen uns, dass Sie diesen Schritt mit uns gegangen sind.

Wir würden gerne von Ihren Fortschritten und Erfahrungen mit diesem Buch hören. Ihr Feedback ist von unschätzbarem Wert und hilft uns, uns weiter zu verbessern und qualitativ hochwertige Ressourcen für Sprachlerner wie Sie bereitzustellen. Bitte hinterlassen Sie online eine Bewertung oder kontaktieren Sie uns mit Ihren Gedanken und Vorschlägen.

Nochmals vielen Dank für Ihre Unterstützung und Ihr Engagement. Wir wünschen Ihnen weiterhin viel Erfolg und Freude auf Ihrem Weg zum Sprachenlernen.

www.ingramcontent.com/pod-product-compliance
Lightning Source LLC
Chambersburg PA
CBHW072117050526
44107CB00120BA/1374/J